엉뚱 발랄
민주주의

오늘부터 민주 시민 ❶

엉뚱 발랄 민주주의

초판 2쇄 발행 2024년 6월 5일

글 김선영　그림 김주경
펴낸이 김동호　**펴낸곳** 키위북스　**편집장** 김태연　**편집** 김도연, 박주원　**꾸민곳** 디자인 su:
주소 경기도 고양시 일산동구 중앙로 1079, 522호
전화 031-976-8235　**팩스** 0505-976-8234
전자우편 kiwibooks7@gmail.com
출판등록 2010년 2월 8일 제 2010-000016호

ⓒ 김선영 · 김주경, 2023

ISBN　979-11-91748-75-8 74300
　　　　979-11-91748-74-1 (세트)

· 책값은 뒤표지에 있습니다.
· 이 책은 저작권법에 따라 보호받는 저작물이므로 무단 전재와 무단 복제를 금지하며,
  이 책 내용의 전부 또는 일부를 이용하려면 반드시 저작권자와 키위북스의 서면 허락을 받아야 합니다.
· 잘못된 책은 바꾸어 드립니다.

오늘부터 민주 시민 ❶

엉뚱 발랄 민주주의

글 김선영 그림 김주경

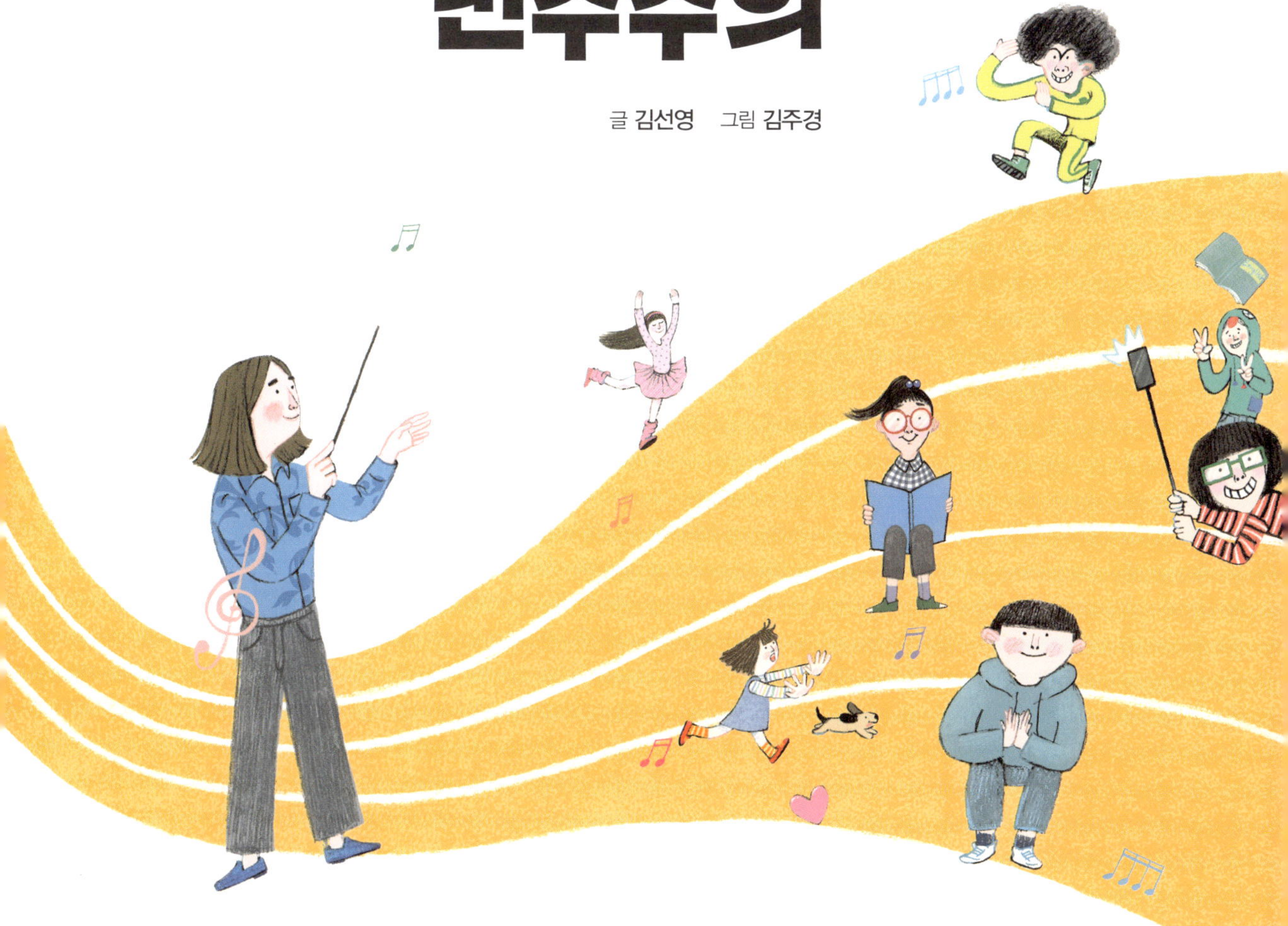

키위북스
KiWiBooks

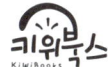

머리말

민주주의, 내 삶의 주인은 바로 나예요

여러분은 '민주주의'라는 말을 들어 봤나요? 아마 책이나 TV 등과 같은 매체에서 종종 접했을 거예요. 그렇다면 민주주의가 무엇인지 알고 있나요?

옛날, 나라의 주인은 왕이었어요. 하지만 언젠가부터 사람들은 백성이 나라의 주인이 되어야 한다고 생각했어요. 나라를 짊어지고 있는 건 왕이 아닌 백성이니까요. 또 나랏일은 백성들의 삶이 달린 것이고요. 이렇게 해서 생겨난 것이 바로 민주주의예요.

민주주의는 한 사람이 아닌, 모두가 주인이 되는 것이에요. 무언가를 결정할 때 모두의 생각을 모으는 것이지요. 민주주의 사회에서는 모두가 존중받을 권리를 가져요.

그렇다면 우리 반, 우리 학교의 주인은 누구일까요? 그래요. 바로 나, 그리고 친구들이에요. 교실과 학교에서 일어나는 문제는 우리의 문제예요. 우리의 일은 우리가 함께해야 하지요. 앞으로는 우리 학급뿐 아니라, 내 주변의 모든 일에 적극적으로 참여해 보세요. 이러한 민주적인 태도는 내가 내 삶의 진정한 주인이 될 수 있게 할 테니까요.

김선영

차례

수다쟁이 소굴로
들어온
새 선생님
8

나도
나 무시하는 애는
싫거든!
20

의문의
똥 사건
26

우리가
만든 규칙
36

내 말 좀
들어 봐!
44

4학년 3반
엉뚱 발랄
합창 쇼
54

수다쟁이 소굴로 들어온 새 선생님

선생님이 아기를 낳으러 갔다. 몸이 많이 약해져서 예정보다 앞당겨 휴가를 쓴다고 한다. 아기가 빨리 나오려는 걸까? 아무튼 며칠간 다른 선생님들이 돌아가며 우리 반을 돌봤다.

"내일부터는 새 선생님이 오셔서 4학년 3반을 맡아 여러분을 지도해 주실 거예요."

교장 선생님이 종례 시간에 와서 소식을 전했다.

"새로운 선생님이 온다고?"

"체육을 좋아하는 선생님이었으면 좋겠다."

"난 무서운 선생님만 아니면 좋겠어."

"무슨 소리야, 공부를 잘 가르쳐 주는 선생님이 제일 좋지."

우리 반은 재잘재잘 말이 많기로 유명하다. 말도 많은데 성격도 어쩌면 이렇게 다 다른지 한 번도 의견이 통일된 적이 없다. 누가 말을 하면 귀 담아 듣는 사람은 하나도 없다. 그저 다들 자기 말만 떠들기 바쁘다.

얼마 뒤, 우리 반에 새 선생님이 왔다. 원래 선생님과 나이가 비슷해 보이는 여자 선생님이다.

"여러분 안녕하세요. 4학년 3반을 새로 맡은 정민주 선생님이에요."

새 선생님의 등장에 아이들은 질문을 쏟아 냈다.

"선생님, 결혼은 하셨어요?"

"아니요."

"남자 친구는 있어요?"

"그런 거는 물어보면 안 돼. 선생님 사생활이거든?"

우리 반 회장 공유진이 날카롭게 쏘아붙였다.

"왜 안 돼? 나는 그냥 궁금해서 물어본 거야."

"아쉽게도 없어요."

선생님은 쓸데없는 질문에도 일일이 대답했다.

"그 머리핀은 어디에서 사셨어요?"

"아, 이건 집 근처에 있는 행복 쇼핑몰에서 샀어요."

선생님은 까불대는 우리 반 아이들에게 지나치게 친절하다.

오늘은 선생님이 온 첫날이라 그런지 모두 들떠 있다. 종일 아이들이 떠드는 소리에 아직까지 귀가 먹먹할 정도다.

"수업 끝나고 회장 유진이와 부회장 비호는 선생님을 도와주세요."

선생님은 회장 공유진과 부회장인 나에게 우리 반에 관한 것들을 물었다. 1인 1역은 어떻게 정하는지, 짝은 어떻게 바꾸는지 같은 그간 반에서 해 온 방식들 말이다.

질문이 끝나 갈 즈음이었다. 회장 공유진은 선생님이 묻지도 않았는데 우리 반 아이들에 대해 떠들어 댔다.

"선생님, 우리 반 애들이 얼마나 공부를 싫어하는지 아세요? 게다가 우리 학교 수다쟁이들이 우리 반에 다 모여 있어요."

그러더니 나에 대해서도 제멋대로 말하기 시작했다.

"선생님, 얘 먹대장, 아니 한비호는요, 가리는 음식 없이 뭐든 한입에 집어삼켜요. 부회장은 어떻게 된지 아세요? 머리를 긁으려고 손을 올리다가 얼떨결에 된 거라니까요."

공유진 말이 맞다. 내 장기는 무엇이든 맛있게 잘 먹는 것이다. 그래서 친구들은 내가 가지나물이나 시금치나물을 맛있게 먹을 때마다 "역시 먹대장~." 하며 나를 치켜세운다. 머리를 긁으려고 손을 올렸다가 부회장이 된 것도 사실이고. 하지만 한입에 음식을 다 먹지는 않는다. 공유진은 꼭 저렇게 과장해서 말할 때가 있다.

"유진아, 골고루 잘 먹는 게 얼마나 좋은 건데. 가리지 않고 먹어야 키도 크고 튼튼해지는 거야. 선생님은 비호가 부러운걸?"

내가 부럽다니. 나는 선생님의 말에 조금 으쓱했다.

선생님이 내 편을 들자 자존심이 상했는지, 공유진은 갑자기 자기 자랑을 했다.

"선생님 저는요, 4학년 중에 가장 공부를 잘해요. 지금까지 시험에서 한 개도 틀린 적이 없어요. 저는 앞으로 대한민국을 대표하는 외과 의사가 될 거예요."

사실 공유진은 누구나 인정할 만큼 공부에 진심인 아이다. 별명이 '닥공'인데, 쉬는 시간에도 닥치고 공부만 한다고 해서 아이들이 지어 준 거다. 공유진은 이미 5학년 공부까지 끝내서 학교 수업은 시시하단다. 학교 안팎에서 주는 상이란 상도 모두 싹쓸이했다. 그래서 늘 선생님들의 기대를 한 몸에 받아 왔다.

공유진은 자신만만한 표정으로 말을 이어 갔다.

"그래서 말인데요, 선생님. 제가 선생님께 딱 두 가지 부탁드릴 게 있어요. 첫째는 쉬는 시간에 모두 자리에 앉아 공부하게 해 주세요. 둘째는 체육 시간을 줄여 독서 시간을 만들어 주세요. 그렇게 해 주시면 제 공부에 무척 도움이 될 것 같아요. 그러면 다른 애들도 말썽은 덜 피우고, 공부는 더 하지 않을까요?"

우아! 닥공의 딱 부러지는 말솜씨에 감탄이 절로 나왔다. 이렇게 공부를 잘하는 애가 부탁을 하는데 안 들어줄 리 없겠지? 이런 생각이 들자 갑자기 눈앞이 깜깜했다. 앞으로 쉬는 시간이고, 체육 시간이고 꼼짝없이 자리에 앉아 있어야 할 테니까. 과연 우리 반 아이들이 하루 종일 가

만히 앉아 있을 수 있을까? 다들 자기가 하고 싶은 것만 하려고 하는 모습이 그려져 벌써부터 생각이 많아졌다.

그런데 웬걸. 닥공의 말에 선생님은 단호했다.

"유진아, 그 부탁은 선생님이 들어줄 수 없어. 물론 우리 반 친구 모두가 공부를 하고 싶어 하거나 책을 읽고 싶어 한다면 생각해 볼 수 있지. 하지만 우리 반 친구들 중 누군가는 분명 쉬는 시간에 친구들과 떠들고 싶을 거야. 누군가는 체육 시간을 목 빠지게 기다릴 수도 있고. 그래서 유진이만 원하는 부탁은 들어줄 수 없어."

내가 잘못 들었나? 모범생 닥공의 부탁을 들어줄 수 없다고? 닥공도 절대 믿을 수 없다는 표정이었다.

"하지만 학생은 공부를 해야 하는 게 당연한 거 아니에요? 그리고 우리 반 모두가 공부를 잘하면 좋은 거잖아요."

"꼭 앉아서 문제를 풀고 책을 읽는 것만 공부는 아니란다. 그림을 그리거나 친구들과 놀면서도 중요한 것들을 배울 수 있어. 그리고 선생님은 너희들을 비교하지 않아. 공부를 잘한다고 해서 더 잘해 준다거나 공부를 못한다고 해서 소홀히 대하는 건 옳지 않아. 너희는 모두 소중하단다."

다음 날, 선생님은 어제 했던 말을 그대로 했다.

"여러분은 모두 소중해요. 그리고 누구나 자신만의 장점을 가진 사람이라는 걸 꼭 기억하세요. 서로 이야기를 많이 나누면서 여러분의 개성이 어우러진 멋진 반을 만들어 봐요. 비빔밥도 각기 다른 재료가 합

쳐져 맛을 내지요? 우리도 할 수 있어요. 4학년 3반 친구들, 함께 격려하고 응원하며 지냅시다."

자기 말만 하는 수다쟁이들이 멋지게 어우러진다고? 그게 가능하다고? 정민주 선생님은 정말 우리에 대해 아무것도 모른다. 수다쟁이들과 지내다 보면 분명 실망하실 텐데. 에휴, 앞으로 우리 반에서 어떤 일들이 일어나게 될지 참으로 걱정스럽다.

나와 너, 우리는 모두 소중해요

어떤 모습이든 '나'는 그 존재만으로 가치 있는 사람이에요. 나는 세상에 단 하나뿐이고, 많은 것을 누릴 수 있는 자격이 있어요. 나를 소중히 여기는 방법에는 내가 해야 할 일을 스스로 하는 것, 자신감 있게 내 생각을 당당히 말하는 것 등 여러 가지가 있겠지요.

국가는 나를 소중하게 하는 모든 생각과 행동들을 법으로 보장하고 있어요. 이를 권리라고 하는데, 권리는 어떤 일을 행하거나 다른 사람에 대하여 당연히 요구할 수 있는 힘이에요. 태어남과 동시에 권리를 가지는 우리는 자유롭게 말할 수 있는 권리, 즐겁게 놀 권리, 차별받지 않을 권리 등 다양한 권리를 법에 의해 보장받지요.

법으로 정한 인간의 권리

사람으로서 당연히 누려야 할 권리를 '인권'이라고 해요. 인권을 가진 우리는 모두 평등한 존재예요. 법이 정하고 있는 우리의 권리는 총 다섯 가지예요.

평등권은 성별, 종교, 직업, 장애 등에 의해 차별받지 않을 권리예요. 자유권은 국가의 간섭 없이 자유롭게 행동하고 생각할 수 있는 권리예요. 우리는 살고 싶은 곳에서 살 수 있고, 원하는 직업이나 종교를 가질 수 있지요. 사회권은 인간답게 살 수 있도록 국가에 요구할 수 있는 권리예요. 일할 기회를 요구할 권리, 교육을 받을 수 있는 권리, 깨끗한 환경에서 살 권리 등이 있어요. 청구권은 국민이 국가에 어떤 행위를 해 달라고 요구할 수 있는 권리예요. 국민의 어려움을 국가에 알리거나 재판을 받을 수 있고, 국가가 국민의 권리를 침해했을 때 국가에 배상 요구를 할 수 있어요. 마지막으로 참정권은 정치에 참여할 수 있는 권리예요. 대표적으로 만 18세 이상이 되면 누구나 선거를 할 수 있는 선거권이 있어요.

짝 바꾸는 날이 왔다. 나는 예전부터 꼭 짝이 되고 싶은 친구가 있다. 머리부터 발끝까지 반짝반짝 빛나는 진홍주. 홍주는 1학년 때부터 예쁘기로 유명했다. 예쁜 얼굴처럼 옷도, 신발도, 가방도 늘 예쁘다. 별명도 '찐공주'인 홍주는 오늘도 역시 눈부시다.

짝 바꾸는 시간이 되자 홍주가 새침한 목소리로 말했다.

"이번에도 다들 나와 짝이 되고 싶어 안달이겠지? 이 인기는 좀처럼 식지가 않네."

그 말을 들은 선생님이 홍주에게 말했다.

"선생님은 이번에 홍주가 최고의 짝을 만날 것 같은데."

그러자 홍주는 몹시 들떠 보였다.

"선생님, 진짜요?"

드디어 짝이 정해졌다. 내 짝이 바로 홍주다!

옆에 홍주가 앉자마자 나는 얼굴이 빨개지고, 온몸이 비비 꼬였다. 콩닥콩닥 가슴도 빨리 뛰었다. 그런데 홍주가 나를 보고 대뜸 이러는 거다.

"뭐야, 먹대장 네가 내 짝이야?"

홍주는 내가 짝인 게 마음에 들지 않는 모양이었다.

"최고의 짝은 무슨!"

홍주는 내가 옆에 있는데도 실망한 마음을 감추지 않았다.

"야, 먹대장! 너 왜 계속 네 물건을 내 책상에 놔? 계속 이러면 내가 가져 간다?"

"너 체육 시간에 땀 많이 났니? 아휴, 끈적끈적해."

홍주의 예쁜 입에선 자꾸 미운 말만 나왔다. 나는 그런 홍주를 어찌 대해야 할지 안절부절못했다. 짝 바꾼 지 얼마 되지도 않았는데, 예쁜 홍주가 점점 못된 마녀처럼 보이기 시작했다.

"야, 먹대장, 화장실 가는 길에 이것 좀 버려 줘."

"뭐? 내가 왜?"

"나같이 예쁜 짝을 만났으면 이 정도는 해 줘야지."

홍주는 자기가 쓴 휴지를 내 책상 위에 올려놓았다. 그건 홍주가 코를 풀 때 쓴 휴지였다. 휴지를 본 순간, 나는 폭발하고 말았다.

"나도 너 같은 짝 싫어!"

나의 말에 홍주는 당황한 듯한 표정이었다.

"뭐라고? 내가 싫, 다, 고? 어떻게 내가 싫을 수 있지?"

홍주의 말에 나도 모르게 이렇게 외쳤다.

"나도 나 싫어하고, 항상 불만만 있는 애는 정말 싫거든!"

내 말에 홍주가 조금 놀란 듯했다. 치! 앞으로 찐공주에게 절대 말 걸지 않을 거다! 찐공주가 사과해도 절대 받아 주지 않을 거다! 나는 다짐하고 또 다짐했다.

어느덧 마지막 종이 울렸다. 집에 가려고 책가방을 쌀 때였다. 열린 창문 틈으로 벌레 한 마리가 날아오는 거다. 우아! 내가 제일 좋아하는 장수풍뎅이다!

그런데 아이들은 물론이고, 선생님까지 놀라서 어쩔 줄 몰라 했다. 이렇게 귀엽고 멋진 아이를 왜 다들 무서워하지?

풍뎅이는 푸드덕거리며 교실 안을 날더니, 찐공주의 머리에 살포시 내려앉았다. 그리고 잠시 뒤,

"으아아아악!"

찐공주의 비명은 어마어마했다.

히히! 쌤통이다! 찐공주, 너도 한번 당해 봐라! 어? 찐공주 눈에 눈물이 맺혔다. 얼굴도 새하얗게 질렸다! 하아, 어쩌지? 아무래도 나 말고는 없는 것 같다. 밉지만 딱 한 번만 도와줄 수밖에.

나는 찐공주 머리에서 풍뎅이를 조심조심 떼어 창문 밖으로 보내 주었다. 그러자 아이들이 "우아~." 하며 박수를 쳤다. 조금 쑥스러웠다.

그때 나는 들었다. 선생님이 눈을 찡긋하며 홍주에게 속삭이던 말을.

"선생님 말이 맞지? 최고의 짝을 만날 거라는 말."

다음 날 내 책상에는 반짝반짝 빛나는 초콜릿 하나가 놓여 있었다. 그리고 홍주는 더는 나에게 미운 말을 하지 않았다.

내가 존중받으려면 다른 사람을 존중해야 해요

'존중'이란 상대를 함부로 대하지 않고, 귀하게 여기는 것을 말해요. 존중은 사람들 사이의 다툼이나 갈등을 줄여 사이좋게 만들지요.

내가 상대를 존중하지 않는다면 어떻게 될까요? 상대도 나를 존중해 주지 않아요. 내가 어떤 친구를 놀리고 무시하는데 그 친구가 나를 칭찬하고 응원할 리 없겠지요. 내가 존중받고 싶다면 다른 사람을 먼저 존중해야 해요. 서로를 존중할 때, 우리는 함께 행복해질 수 있어요.

상대를 존중하려면, 먼저 나와 다른 점을 받아들여야 해요. 상대의 생각이나 모습, 환경이 모두 나와 같을 수 없으니까요. 그런 뒤에 상대를 살피고, 상대에게 마음을 쓰는 거지요. 그 사람이 싫어하는 것을 하지 않는 것도 중요하고요.

보통 내가 다른 사람을 존중해 주면 그 사람도 나를 존중해요. 하지만 항상 그런 건 아니에요. 아직 다른 사람을 존중하는 법을 알지 못하는 친구도 있거든요. 그럴 땐 나의 친절한 모습, 배려하는 모습을 조금 더 보여 주세요. 그러면 그 친구도 다른 사람을 존중하는 사람으로 바뀔 수 있을 테니까요.

의문의 똥 사건

우리 반에는 아무도 건드릴 수 없는 무법자가 있다. 강도산, 일명 '깡도사'라 불린다.

"나는 무림을 접수한 천하제일의 도사다! 하하하!"

깡도사는 자기가 진짜 도사라도 된 것처럼 이런저런 권법을 연구한다며 떠벌리고 다닌다. 하지만 대부분 권법 수련이랍시고 말도 안 되는 짓을 하기 일쑤다.

깡도사가 연마한다는 권법은 크게 세 가지다.

첫 번째, 머리카락 권법. 머리를 막 흔들어 하얀 비듬이 우수수 날리게 한다. 이 권법은 잠시 상대방의 눈과 입, 숨을 막는 효과가 있다나.

두 번째, 코딱지 권법. 먼저 코딱지를 있는 대로 파내 크게 뭉친다. 그런 다음 손가락으로 튕겨 최대한 멀리 보낸다. 나는 이 기술만큼은 깡도사만의 대단한 장기라고 생각하지만, 다른 애들은 별 관심이 없다.

세 번째는 방귀 권법이다. 방귀를 최대한 크게 뀐 뒤, 손안에 가둔다. 그런 다음 단숨에 펼치면, 반경 1미터 안에 있는 친구들은 우웩! 지독한 냄새에 모두 나가떨어지고 만다.

깡도사는 이런 희한한 권법을 앞세워 늘 시선을 끌려고 노력한다.

"내가 만든 지우개 똥 봐. 내 코딱지만큼 크지?"

"샤프 멋진데! 하지만 내 샤프가 더 멋지다고! 내 거 봐 봐. 어때?"

깡도사는 뭐든 자기 말만 한다. 남들이 어떻게 생각하는지는 신경도 안 쓴다. 우리 반 친구들은 이런 깡도사가 익숙해져서 뭘 해도 쓱 한번 보고 자기

할 일을 한다.

어느 날 깡도사가 방귀 권법을 쓰다 선생님에게 딱 걸린 적이 있다. 깡도사의 방귀 냄새를 맡으면 선생님도 분명 화가 날 것이다. 그런데 뭐지? 정민주 선생님은 깡도사에게 야단을 치지도, 벌을 주지도 않았다. 그저 지나가며 나지막이 한마디를 건넬 뿐이었다.

"도산아, 방귀가 잦으면 똥 싸기 쉽다."

며칠 뒤, 깡도사가 엉엉 울어 버린 엄청난 사건이 일어났다. 사건이 터진 건, 우리 반 조우빈이 깡도사 옆을 지나면서다. 조우빈은 인기 유튜버를 꿈꾸는 참견쟁이다. '초딩 판타스틱 월드'라는 유튜브 계정을 만들어, 4학년들의 일상을 어설픈 연기로 보여 준다. 그래서 '초튜버'라는 별명이 붙었다.

"'구독과 좋아요' 부탁해!"

이 말을 달고 사는 초튜버는 조회수 삼십만 회가 목표다. 하지만 아직 삼십도 넘은 적이 없다. 그럼에도 쉬지 않고 유튜브 소재를 찾아다닌다.

점심시간, 깡도사가 방귀 권법을 연습한다며 날뛰던 때였다. 초튜버는 깡도사 옆에 떨어진 무언가를 발견했다.

"어? 이게 뭐지? 초콜릿인가? 누가 찰흙을 떨어뜨렸나?"

초튜버는 정체를 알 수 없는 물체를 요리조리 살피기 시작했다.

"거무튀튀한 색깔에, 음…… 말랑말랑한데? 뭐지? 어디, 냄새가…… 으악! 똥이잖아!"

초튜버의 외침에 반 전체가 들썩였다.

"뭐? 똥이라고?"

"똥이래, 똥!"

순식간에 초튜버 쪽으로 아이들이 우르르 몰려들었다. 여러 명이 확인해 본 결과 그건 진짜 똥, 똥이 맞았다. 어떻게 교실 한복판에 똥 덩이

가 있을 수 있지? 너무도 기괴하고 당혹스러운 상황이었다.

초튜버는 서둘러 핸드폰을 켰다. 그러고는 의문의 똥을 영상으로 찍기 시작했다.

"이건 우리 반에서 발생한 실제 상황입니다. 조금 전 교실 바닥에서 이 똥이 발견되었습니다."

초튜버는 흥분을 감추지 못한 채 촬영을 이어 갔다.

"물론 자세한 건 좀 더 알아봐야겠지만, 짐작 가는 게 하나 있습니다. 사실 우리 반에 자꾸 방귀를 뀌며 친구들에게 장풍을 날리는 강 모 어린이가 있습니다. 저의 강한 촉으로는 강 모 어린이가 노팬티 상태에서 방귀를 뀌다, 힘 조절에 실패한 것 같습니다. 바짓가랑이로 똥이 나와 버린 거지요."

초튜버를 지켜보던 아이들이 고개를 끄덕였다.

"어쩜, 그럴 수 있겠다."

"우아~ 추리력 쩌는데!"

그러자 깡도사가 펄쩍펄쩍 뛰었다. 그리고 몹시 억울한 듯 고래고래 소리를 질렀다.

"내 똥 아니라고! 나 아니야! 내가 싼 게 아니라고! 진짜라고! 흐, 흑, 흐앙~."

점심 내내 이어진 의심의 눈초리에 깡도사는 몹시도 괴로워했다. 다른 반 아이들도 달려와 울고 있는 깡도사를 구경할 정도였으니까.

점심시간이 끝나 갈 무렵이었다. 왈왈! 어디서 뜬금없이 개 짖는 소리가 들렸다. 우리는 모두 소리가 나는 쪽으로 고개를 돌렸다. 그런데 그곳에 믿지 못할 상황이 또 하나 펼쳐졌다. 방아진이 아니라 방아진 품속에서 진짜 강아지가 짖고 있는 거다!

왈왈이 방아진은 강아지를 무진장 좋아하는 아이다. 친구들에게는 늘 "왈왈" 강아지 소리로 대답할 정도로 못 말리는 강아지 마니아다. 똥의 정체는 바로 왈왈이가 학교에 데려온 강아지의 것이었다.

"호두가 집에 혼자 있기 싫어해서…… 학교에 데리고 왔어. 그 똥은 호두가 싼 것 같아. 얘가 교실에 똥을 쌀 줄은…… 몰랐지."

깡도사의 누명은 그렇게 벗겨졌다. 하지만 깡도사의 울음은 좀처럼 그치지 않았다.

그날 우리는 선생님의 화난 모습을 처음으로 보았다.

"우리는 자신이 원하는 대로 행동할 자유가 있어요. 하지만 원한다고 해서 모두 할 수 있는 것은 아니에요. 해서는 안 되는 일도 있어요. 자유에는 반드시 책임이 따른다는 걸 잊으면 안 돼요. 오늘 우빈이와 아진이는 무엇을 잘못했는지 잘 생각해 봐요."

수업이 끝나고 왈왈이와 초튜버는 우리에게 사과했다.

"애들아, 학교에 강아지를 데려와서 정말 미안해. 너희들에게 너무 큰 피해를 줬어."

"도산아, 내가 알지도 못하면서 너를 오해해서 미안해. 그리고 마음대로 영상을 찍은 것도."

결국 왈왈이는 교실에 남아 청소를 했고, 초튜버는 조용히 영상을 지웠다.

공동체와 규칙

살면서 누구나 유치원, 학교, 직장과 같은 공동체에 속하게 돼요. 그리고 그 안에서 끊임없이 사람들과 어울리지요. 사람들이 공동체 속에서 원만히 생활하기 위해서는 함께 지켜야 할 약속, '규칙'이 필요해요. 친구들과 즐겁게 놀기 위해서는 놀이의 규칙이 필요하고, 같은 반에서 모두가 잘 지내기 위해서는 학급의 규칙이 필요하지요. 우리가 속한 사회에도 함께 잘 살기 위한 사회적 규칙이 있고요.

만약 학교에 아무런 규칙이 없다면 어떻게 될까요? 아이들이 아무 때나 학교를 오가고, 교실에서 마음대로 돌아다니고, 급식을 먹기 위해 한꺼번에 달려들고…… 그야말로 난장판이 될 게 뻔하지요. 그래서 규칙을 정하고, 또 정해진 규칙을 지키는 것은 무척 중요한 일이에요. 규칙은 일상에서 생길 수 있는 불편과 혼란을 막고, 모두가 안전하고 행복하게 생활할 수 있도록 해 준답니다.

자유와 의무

국가가 보장하는 권리 중 '자유권'은 국가의 간섭 없이 자유롭게 생각하고 행동할 권리예요. 살아가면서 반드시 누려야 할 소중한 권리이지요.

그런데 나의 자유권을 이용한다며 가지고 싶었던 남의 물건에 마음대로 손대거나, 내가 재밌다고 해서 친구의 사진을 허락 없이 찍는 행동은 올바른 걸까요? 아니에요. 이건 다른 사람에게 피해를 주는 나쁜 행동일 뿐 나의 권리가 될 수 없어요.

자유에는 항상 의무와 책임이 따라요. 내가 길거리에서 물을 마실 자유가 있다면, 다 마신 병은 잘 처리해야 하는 의무가 생겨요. 자유는 뭐든지 내 맘대로 하는 것이 아니랍니다. 모두에게 자유라는 권리가 있다는 것을 알고 그 권리를 지켜 줄 때, 비로소 우리는 진정한 자유를 누릴 수 있어요.

우리가 만든 규칙

우리 반 학급 회의 시간은 노는 시간이다. 누구는 노래를 하고, 누구는 그림을 그리고, 누구는 떠들고……. 다들 마음대로 시간을 보낸다. 물론 우리가 처음부터 그랬던 건 아니다. 닥공과 내가 회장, 부회장이 되고 몇 번은 회의를 했으니까.

"지금부터 학급 회의를 시작하겠습니다. 의견이 있으면 손 들고 말해 주세요."

우리 반 회의는 닥공의 이 말이면 끝이 났다. 손을 든 사람이 하나도 없었으니까. 수다쟁이들이 학급 회의 시간만 되면 입을 꾹 다물었다. 그 뒤로 학급 회의 시간은 그냥 각자 하고 싶은 거 하는 시간, 마음껏 떠드는 시간이 된 거다.

오늘도 어김없이 학급 회의 시간이 돌아왔다. 선생님은 닥공과 나에게 회의 시작을 알렸다.

"여러분, 학급 회의 시간이에요. 회장과 부회장은 앞으로 나와서 회의를 진행해 주세요."

그러자 수학 문제를 풀던 닥공이 말했다.

"선생님, 우리 반은 학급 회의를 할 수가 없어요. 예전에도 몇 번 해 봤는데 아무도 말을 안 해요."

닥공의 말에도 선생님은 자꾸만 재촉했다.

"여러분도 학급 회의 잘할 수 있어요. 선생님이 도와 줄 테니 어서 시작해 봐요."

선생님은 몰라도 너무 모른다. 또 흐지부지 끝날 게 뻔한데. 아무도 학급 회의 따위에 관심이 없는데.

선생님의 부담스러운 눈빛에 닥공이 마지못해 앞으로 나갔다. 나도 어쩔 수 없이 어기적어기적 칠판으로 향했다. 닥공은 뾰로통한 표정으로 입을 뗐다.

"지금부터 학급 회의를 시작하겠습니다. 의견이 있으면 손 들고 말해 주세요."

여전했다. 아무도 손을 들지 않았다. 그렇게 한동안 시간이 흘렀다. 오랜 침묵을 깬 건 선생님이었다. 선생님은 번쩍 손을 들더니 이렇게 말했다.

"아무래도 회의 주제가 있어야 할 것 같아요. 오늘 학급 회의 시간에는 우리 반의 규칙을 다시 정해 볼까요? 우리가 지킬 규칙을 스스로 정해 보는 거예요."

우리가 규칙을 정한다고? 지금 있는 규칙도 안 지키

는데?

닥공은 어쩔 수 없이 학급 회의를 이어 갔다.

"오늘 학급 회의의 주제는 '우리가 만드는 우리 반의 규칙'입니다. 의견이 있으면 손 들고 말해 주세요."

'혹시나?' 했지만 결과는 '역시나!'였다. 이번에도 한참이 지날 때까지 아무도 의견을 내지 않았다. 이제 슬슬 회의를 끝내도 될 것 같은데.

그때였다. 우리 반 대박이, 박도현이 슬며시 손을 들었다. 박도현은 문구점을 뻔질나게 드나들며 어떤 신상품이 나왔는지 찾고 또 찾는다. 그리고 어디서든 새 물건을 봤다 하면 "대박! 대박! 대박!"이라고 외쳐 대박이라고 불린다. 대박이는 필요 없는 물건을 너무 많이 사서 얼마 전 용돈이 확 깎였다고 했다.

손을 든 대박이가 잠시 망설이더니 이렇게 말했다.

"저, 저기…… 비싼 물건을 학교에 가져와서 자랑하지 않았으면 좋겠습니다. 특히 새로 나온 건 더더욱. 그러면 저도 자꾸만 사고 싶어 손이 근질

근질하거든요."

대박이의 말에 모두가 웃음을 터뜨렸다. 참으로 대박이다운 말이었기 때문이다.

"푸하하! 진짜 웃긴다."

"야, 박도현! 그런 게 규칙이 되겠냐?"

그러자 선생님이 이렇게 말하는 거다.

"여러분들이 동의만 한다면 규칙이 될 수 있지요."

선생님의 말이 끝나자 조용히 손을 든 아이가 또 있었다. 다름 아닌 깡도사였다. 깡도사가 스스로 발표를 하는 건 처음 있는 일이었다. 더군다나 누구보다 규칙을 지키지 않는 깡도사가 손을 들다니. 도대체 어떤 규칙을 이야기할까? 모두가 깡도사의 입만 쳐다보았다.

"저는 '시험 성적이 좋아도 잘난 척하지 않기'가 규칙이 되었으면 좋겠습니다. 대체로 빵점만 받는 저한테는 그게 참 보기 그렇거든요."

"우하하하!"

"깔깔깔깔!"

깡도사의 말에 우리 반 전체가 그야말로 빵 터지고 말았다. 학급 회의가 이렇게 재미있다니. 예전에는 왜 알지 못했을까?

대박이와 깡도사가 의견을 낸 뒤로 많은 친구들이 앞다퉈 손을 들었다. 우리는 서로 불편했던 것, 고치고 싶었던 것들을 이야기하며 규칙을 정했다. 규칙을 어기면 벌칙도 받기로 했다.

우리가 만든 규칙

- 비싼 물건을 학교에 가져와 자랑하지 않기
- 시험 성적이 좋아도 잘난 척하지 않기
- 친구가 싫다고 하는 말과 행동은 두 번 다시 하지 않기
- 학교에서 핸드폰 사용 금지
- 교실에서 뛰지 않기
- 순서 지키기

우리가 만든 벌칙

- 규칙을 한 번 어겼을 때: 사과 편지 쓰기
- 규칙을 두 번 어겼을 때: 반 친구 모두의 장점을 하나씩 발표하기
- 규칙을 세 번 어겼을 때: 교실 청소와 쓰레기 분리배출

의견을 모으려면 대화가 필요해요

우리는 살아가면서 다른 사람들과 함께 무언가를 결정해야 할 때가 있어요. 그런데 그때마다 모든 사람의 의견이 같을 수는 없지요.

서로 의견이 다를 때는 충분한 대화가 필요해요. 어떤 문제에 대해 서로 간에 생각을 주고받으며, 모두와 함께 결정해야 하지요. 상대를 설득하기 위해 논리적으로 자신의 주장을 펼치고, 상대의 주장에 대해서는 근거를 들어 반박하면서 말이에요. 이때 몰랐던 사실을 새롭게 알게 되고, 각 주장의 장단점도 이해하게 되어요. 이러한 과정을 통해 서로 조금씩 양보하며 의견을 하나로 모으는 것을 타협이라고 해요.

학급 회의

학급 회의는 학급에서 일어나는 문제에 대해 함께 해결 방법을 찾는 과정이에요. 예를 들면 '학급 규칙 정하기', '급식 먹는 순서 정하기', '운동회 응원 방법 정하기'와 같은 중요한 사항을 계획하고 결정하지요.

학급 회의에서는 누구나 자신의 의견을 말할 수 있고, 또 다양한 의견을 들을 수도 있어요. 학급 일을 다 함께 계획하고 실천할 수 있게 되지요. 이렇게 학급 일에 참여하다 보면, 학급에 대한 책임감이 생기고 회의에서 결정된 내용을 능동적으로 실천하게 돼요.

학급 회의를 잘하려면 어떻게 해야 할까요? 먼저 회의를 맡은 회장과 부회장의 진행을 잘 따라야 해요. 의견을 발표할 때는 잘 들릴 수 있게 또박또박 이야기해야 하지요. 또 다른 사람의 의견을 주의 깊게 들어야 하고요.

가끔 학급 회의를 등한시하여, 회의에 참여하지 않는 친구들이 있어요. 이건 무척 잘못된 행동이에요. 학급 회의에 참여하는 것은 나에게 주어진 소중한 권리이자 의무니까요.

내 말 좀 들어 봐!

신기한 일은 계속되었다. 우리가 스스로 정한 규칙이라 그런가? 천방지축이던 우리 반 아이들이 달라도 너무 달라졌다. 아직까지 규칙을 어긴 사람이 단 한 명도 없을 정도니까. 무법자 깡도사까지 꽤나 모범적인 학생이 됐다면 말 다 했지 뭐.

"내가 제일 먼저 먹을 테다. 방귀 권법……, 아…… 아니다. 네가 먼저 받아. 오늘 급식은 2등으로 먹지, 뭐."

깡도사는 아무래도 첫 번째 벌칙 때문에 규칙을 지키는 것 같다. 무엇보다 글쓰기를 싫어하는 깡도사에게 '사과 편지 쓰기'는 쥐약일 테니까.

그리고 좋은 소식이 하나 더 있다. 나는 더는 먹대장이라고 불리지 않는다. 며칠 전 나는 용기를 내 친구들에게 이렇게 말했다.

"얘들아, 앞으로 나를 먹대장이라고 부르지 말아 줄래?"

"왜? 재미있고 귀엽고, 좋기만 한데."

"난 사실 먹대장이라는 말보다 먹신이라는 말이 더 좋아. 대장보다 신은 더 센 느낌이잖아? 이제부터 바꿔서 불러 줬으면 좋겠어."

그러자 아이들은 두말없이 내 말을 들어주었다.

하루가 멀다 하고 시끌벅적 소동이 일었던 우리 4학년 3반은 어느새 안정을 찾아 갔다.

그러던 어느 날이었다.

"얘들아! 한 달 뒤에 학예회가 열린대!"

"뭐? 난 학예회 같은 거 싫은데."

"나도 학예회 연습은 딱 질색이야."

학예회 소식에 우리 반은 다시 소란스러워졌다. 도대체 학예회를 왜 하는 거냐며 툴툴거리는 목소리가 터져 나왔다. 잠시 뒤, 선생님은 우리에게 특별한 제안을 했다.

"이번 학예회는 여러분에게 즐거운 경험과 추억이 될 거예요. 여러분이 결정하고 만들어 갈 테니까요. 우선 학예회에서 무엇을 발표할지 회의를 통해 정해 봐요."

그때였다. 어디서 '뿌웅!' 소리가 났다. 깡도사가 실수로 방귀를 뀐 거다. 예전에 그렇게도 많이 뀌어 대더니, 이제 괄약근 조절이 안 되나? 방귀 소리에 선생님이 웃으며 말했다.

"예를 들면 도산이가 잘하는 '방귀 쇼' 같은 것도 괜찮으니, 뭐든 자유롭게 생각해 봐요."

학예회에서 발표할 걸 우리가 정한다고? 그리고 뭐, 방귀 쇼? 그렇게

엉뚱한 걸 해도 된다고? 그러다 전교생, 그리고 부모님 앞에서 제대로 창피만 당하는 거 아냐?

그런데 선생님의 말이 끝나자마자 놀라운 일이 벌어졌다. 조금 전까지 투덜대던 아이들이 어느 때보다 적극적으로 변한 것이다.

"패션쇼를 하는 게 어때? 근사한 옷을 입고 사뿐사뿐 무대 위를 걷는 거야. 음, 그럼 폼 제대로 나겠다!"

"그동안 내가 수련한 무술을 가르쳐 줄 테니 같이 차력 쇼 하자."

"난 영어 연극이 멋질 거 같아. 영어 공부에도 도움이 되고."

"도그 쇼는 어때?"

"학예회는 무조건 댄스지!"

다들 얼마나 신이 났는지, 하고 싶은 것들을 거침없이 쏟아 냈다. 하지만 의견이 정리 될 기미는 보이지 않았다. 절대 양보할 수 없다며 모두들 팽팽히 맞섰으니까. 우

리는 학급 회의에서 이 문제를 정식으로 논의하기로 했다.

　다음 날, 학급 회의 시간이 왔다. 하나같이 결의에 찬 모습이었다. 아니나 다를까, 회의를 시작하자마자 여기저기서 난리였다. 자기 의견만 우기기, 귀 막고 안 듣기, 말하는데 끼어들기, 반대만 외치기…… 그야말로 교실이 떠나갈 듯했다. 정해진 시간을 넘어서까지 회의를 했지만 결론은 나지 않았다. 결국 선생님이 나서서 회의를 마무리했다.

　"여러분, 오늘 회의는 여기까지 하기로 해요. 내일 다시 회의를 열어 결정하는 게 좋겠어요. 그때까지 자신의 의견을 논리적으로 정리해 오세요."

　선생님은 덧붙여 말했다.

"오늘 보니까, 여러분들이 고쳐야 할 점이 있어요. 의견을 모으려면 서로에게 예의를 지켜야 해요. 상대의 말에 귀를 기울여야 하고요. 다음 회의에서는 친구들의 의견을 잘 듣고, 서로 존중해 줄 수 있도록 해요. 그렇게 한다면 분명 모두가 좋아할 만한 방법을 찾을 거예요. 여러분은 잘 해낼 수 있어요!"

선생님의 응원 때문일까? 다음 회의 시간, 아이들은 이전과는 달리 제법 의젓한 태도를 보였다. 그리고 긴 회의 끝에 마침내 의견을 모았다. 다수결을 통해 내린 결정은 바로 합창이었다. 학예회에 고작 합창이라니! 나는 크게 실망하고 말았다. 합창은 재미도 없고 시시하다. 난 '먹방 쇼'를 하고 싶었는데.

"오늘 나온 소수 의견도 좋은 게 많았어요. 그것들을 어떻게 반영할 수 있을지 여러분이 함께 고민해 봐요."

선생님의 이 한마디에 기분이 엄청 좋아졌다. 아, 내 먹방 쇼도 함께 보여 주면 진짜 재미있을 텐데!

우리는 소수 의견들을 꼼꼼히 살폈다. 그리고 그것들을 어떻게 아우를 수 있을지 이야기하다가 조금은 새로운 합창을 시도해 보기로 했다.

토의와 토론

토의는 어떤 문제에 대한 가장 좋은 해결 방법을 찾기 위해 여럿이 함께 의논하는 것이에요. 공동으로 해결해야 할 문제에 대해 정보와 의견을 주고받고 타협하는 과정으로 이루어지지요. 반면 토론은 어떤 문제에 대해 서로 다른 주장을 가진 사람들이 자기의 주장을 펼쳐 상대방을 설득하는 것이에요.

토의와 토론은 민주주의가 잘 작동되고 있는지 평가하는 중요한 척도예요. 두 가지 활동이 우리 모두에게 더 나은 답을 찾아 주는 민주적인 의사소통이기 때문이지요. 토론과 토의에 참여하는 사람들은 다양성을 인정하고 존중하는 자세가 가장 중요해요. 나와 다른 의견과 주장은 틀리거나 나쁜 것이 아니니까요.

토의와 토론을 잘하려면

토의와 토론을 잘하려면 어떻게 해야 할까요?

첫째, 안건에 대한 정보를 꼼꼼히 알아보아야 해요.

둘째, 구성원들이 정한 규칙과 절차를 지켜요.

셋째, 나의 생각과 주장을 솔직하고 예의 바르게 얘기해야 해요.

넷째, 다른 사람의 의견과 주장이 타당할 때는 받아들여야 해요.

비판과 관용

비판은 누가 의견을 말할 때, 옳고 그름을 따져 잘못된 점을 살피고 지적하는 것을 말해요. 누구를 비웃거나 헐뜯는 '비난'과는 분명히 구분해야 해요. 그래서 비판을 할 때에는 개인적인 감정 없이, 문제 사항만을 논리적으로 지적하는 것이 중요하답니다.

관용은 자기와 다른 의견을 너그럽게 받아들이는 마음가짐과 태도를 뜻해요. 모두가 자기의 생각만 고집한다면 세상은 늘 긴장과 다툼으로 가득할 거예요. 관용적인 태도는 다름과 차이에서 오는 갈등을 녹여 내는 밑거름이 되지요.

다수결의 원칙

가끔은 서로의 의견이 맞서 결론을 낼 수 없을 때가 있어요. 많은 대화를 하고 긴 시간 토론을 해도 의견이 모아지지 않을 수 있지요. 다양한 의견을 하나로 모으는 것은 쉬운 일이 아니니까요. 이럴 때는 어떻게 해야 할까요? 보통은 더 많은 사람이 원하는 의견을 따라요. 보다 많은 사람들의 생각과 의견을 받아들일 수 있으니까요. 이러한 방법을 '다수결의 원칙'이라고 해요.

다수결은 항상 옳을까요? 꼭 그렇지는 않아요. 다수결의 단점은 잘못된 결정을 내릴 위험이 있다는 거예요. 많은 사람이 찬성했다고 해서 그것이 반드시 옳다고 할 수는 없기 때문이지요. 다수결이 좋은 의사 결정 방법이 되려면 안건에 대해 정확히 조사하여 충분히 의견을 나누는 과정을 거쳐야 한답니다.

소수 의견을 존중해요

적은 수의 사람이 낸 의견은 무시해도 될까요? 만약 소수의 의견이 정말 올바른 의견이라 하면요? 아무리 적은 수의 의견이더라도 꼼꼼히 살펴봐야 해요. 새롭고 창의적인 발상은 소수의 의견에서 나오는 경우가 많기 때문에 모든 의견을 잘 살펴보고 존중하는 태도를 가져야 해요.

4학년 3반 엉뚱 발랄 합창 쇼

우리는 학예회를 열심히 준비했다. 하나의 목표를 향해 우리 반 전체가 힘을 합친다는 것은 정말 상상도 못한 일이었다. 하지만 이런 꿈같은 일이 현실에서 일어나고 있었다.

학예회 준비는 처음부터 끝까지 우리의 몫이었다. 선생님은 지켜만 볼 뿐 간섭하지 않았다. 우리는 누가 시키지 않아도 모두가 연습에 진심이었다.

"와, 이렇게 기발한 합창은 처음이야."

"합창이 이렇게 재미있어도 되는 거야?"

우리는 노래를 정하고 가사를 바꿨다. 합창 부분과 독창 부분을 나누고, 독창 부분에는 각자 노래하면서 더불어 하고 싶은 것을 준비하기로 했다.

전체 감독은 초튜버 조우빈이 맡았다.

"얘들아, 잠깐만. 이 부분은 힘을 빼고 부르는 게 좋겠어. 저기 뒤쪽에 있는 사람들은 동작을 더 크게 해야 할 것 같아."

꼭 하고 싶다고 해서 감독을 맡겼는데, 우빈이는 생각보다 감각이 뛰어났다. 아이들을 이끄는 힘도 대단했다. 우리는 한 달이 조금 안 되는 시간 동안 그렇게 우리만의 무대를 준비했다.

학예회 날이 왔다. 내가 잘 할 수 있을까? 우리 반이 해낼 수 있을까? 나는 어느 때보다 걱정이 앞섰다. 조마조마한 마음으로 다른 반의 무대를 봤다. 코딱지만큼 남아 있던 자신감이 점점 쪼그라들었다.

"4학년 3반 준비하세요."

드디어 무대에 올랐다. 감독인 초튜버가 씩씩하게 대표로 인사를 했다.

"자, 여러분! 4학년 3반 엉뚱 발랄 합창 쇼의 막을 올리겠습니다!"

피아노 반주가 울리고, 우리는 입을 맞춰 노래했다.

"4학년 3반을 보았니? 웃음과 사랑이 가득한.
4학년 3반을 보았니? 꿈과 끼로 똘똘 뭉친."
합창에 이어서 진홍주가 홀로 노래를 부르며 무대 앞으로 나갔다.
"우리 반의 찐공주! 패셔니스타! 진홍주가 나간다."
홍주는 합창에 맞춰 패션쇼를 했다. 휙휙! 벗어도 벗어도, 새로운 옷이 나오는 마술 패션쇼였다.
"우리 반의 왈왈이! 강아지들의 엄마! 방아진이 나간다."
이번에는 아진이가 강아지 성대모사를 선보였다.
"왈왈! 헝헝! 깨갱깨갱! 으르르 컹!"
아진이의 신통한 재주에 관객들이 깔깔깔 웃었다.

뒤이어 깡도사 차례. 깡도사는 새롭게 갈고닦은 장기로 무대를 휘어잡았다. 꼼지락 권법을 이용해 발가락으로 멜로디언을 친 거다. 어디서도 보지 못한 희한한 모습에 사람들은 한참 동안 배꼽을 쥐었다.

닥공은 지하철 노선을 속사포 랩처럼 읊었다.

"자, 1호선을 타고 함께 떠나 볼까요? 소요산, 동두천, 보산, 동두천중앙, 지행, 덕정, 덕계, 양주, 녹양, 가능, 의정부……."

닥공의 무시무시한 암기력에 모두들 혀를 내둘렀다.

드디어 내 차례가 왔다! 심장이 두근두근, 다리가 후들후들. 지금까지 겪어 보지 못한 어마어마한 공포가 나를 덮쳤다. 초튜버가 어서 나가라는 신호를 보냈다. 나는 쭈뼛쭈뼛 무대로 나가 기어드는 목소리로 간신히 노래를 불렀다.

"우, 우리 반의 먹신…… 하, 하늘이 내린 먹, 먹대장…… 한비호가 나간다."

그러자 사람들이 웅성거리기 시작했다.

"뭐라고 하는 거야?"

"몰라, 하나도 안 들려."

나는 질끈 눈을 감고 용기를 냈다. 이러면 안 되지! 정신 바짝 차리자! 나는 감았던 두 눈을 부릅뜨고 입을 크게 벌렸다. 그리고 쌍쌍바를 두

입에, 콜라는 원샷으로 깔끔하게 마무리했다.

"우아! 멋지다, 멋져!"

"진짜 잘 먹는다!"

관객들은 입을 떡 벌리며 박수를 쳤다. 다행이다, 나의 먹방 쇼가 무사히 끝났다! 그렇게 나는 안도의 숨을 내쉬었다.

마지막으로 모두의 합창이 이어졌다.

4학년 3반을 보았니? 웃음과 사랑이 가득한

4학년 3반을 보았니? 꿈과 끼로 똘똘 뭉친

즐겁고 신나게 보았지? 엉뚱 발랄 합창 쇼!

아쉽지만 이걸로~ 끝!

성공적인 무대였다. 우리를 지켜보던 부모님, 다른 반 아이들과 선생님들까지 놀라움을 감추지 못했다. 다들 믿기지 않는다는 듯한 표정이었다. 만약 다수결로 정한 합창을 그냥 그대로 했더라면 조금 지루한 무대가 되지 않았을까? 우리의 다양한 의견을 지나치지 않고 잘 모았기 때문에 훨씬 근사한 공연이 된 것 같다.

우리 반 정민주 선생님도 우리의 무대에 감탄했다.

"역시! 우리 반 친구들 모두가 소중한 보물이에요. 각각의 개성을 조화롭게 버무려 이렇게 환상적인 무대를 만들다니!"

하지만 누구보다 놀란 사람은 바로 우리였다. 우리가 만들어 낸 작품이 이렇게나 빛날 줄이야…….

초튜버 조우빈은 자신의 유튜브에 우리 반 학예회 영상을 올렸다. 물론 우리 반 전체의 동의를 얻어서 말이다. 그런데 글쎄 그 영상이 일주일 만에 조회수 삼만 회를 달성한 것이다! 초튜버는 꿈인지 생시인지 모르겠다며 연일 호들갑을 떤다.

이제 우리는 떼려야 뗄 수 없는 진짜 친구가 된 것 같다. 그리고 또 하나! 이번에 확실히 깨달았다. 바로, 우리 반 수다쟁이들도 얼마든지 멋지게 어우러질 수 있다는 것이다. 앞으로는 우리 반에 또 어떤 재미난 일들이 일어날까? 정말 기대된다!

민주주의

민주주의란 국민이 권력을 가지고 나라 일에 참여하는 제도예요. 민주주의 사회에서는 명예, 지위, 재산과 관계없이 국민 모두가 나라의 주인이지요.

민주주의 국가의 주인은 국민이듯이, 우리 학교와 우리 반의 주인은 나와 친구들이에요. 모든 일에 책임감을 가지고 적극적으로 참여할 때, 우리는 내 삶과 학급뿐 아니라 사회의 진정한 주인이 될 수 있답니다.

민주주의를 만들어 가는 사람들

민주적인 사회란 공동체에 속한 사람들이 서로를 잘 이해하고 소통하는 사회예요. 혼자서는 해결할 수 없는 문제들이 너무 많은 세상에서 우리는 다른 사람들과 도움을 주고받으며 살아가요. 어려운 사람에게 관심을 가지고 함께 이야기 나누며 더 좋은 세상을 만들기 위해 노력해야 하지요. 민주적인 사회에서는 사람들이 공통적으로 겪고 있는 문제를 발견하고, 다양한 의견을 나누며 갈등을 해결하는 일이 중요해요.

하지만 사람들이 많으면 많을수록 모든 사람들의 의견을 다 모으기는 힘들겠지요? 학급에서도 반 친구들을 대표하는 회장이 있듯이, 사회 역시 많은 사람들의 의견을 모아 대신 전달하고 결정하는 대표자가 필요합니다. 이런 역할을 하는 사람으로는 주민을 대표하여 지역의 일을 하는 지방 의회 의원과 국민을 대표하여 국가의 일을 하는 국회 의원 등이 있어요.

시민이 참여하는 사회

학급 회의에서는 반 친구들 모두가 활발하게 참여할 때 제대로 된 의사 결정이 이루어져요. 바람직한 시민 사회를 만들기 위해서도 시민들의 자발적인 참여가 필요해요. 시민이 사회 활동에 참여하는 방법 중 하나로는 시민 단체의 활동이 있어요. 시민 단체는 사회의 여러 가지 문제를 해결하기 위해 시민들이 스스로 만든 모임이에요. 선거가 공정하게 이루어지는지 감시하기도 하고 국회 청문회 결과를 국민에게 홍보하는 등의 활동을 하기도 해요.